BOHDAN CHLÍBEC
STEREO

Aus dem Tschechischen von Patrik Valouch

GINSTERPRESS

Was ist das?
Was sucht ihr?
Was?
Man kann euch nicht verstehen.
Was ist das für eine Sprache?
Wie?
Hat euch überhaupt jemals irgendwer verstanden?

I

Die Atmosphäre auf der Bühne erinnert an einen Obstgarten zu
Winterbeginn; noch schneit es nicht, in der Luft steigt kalter
Nebel hoch. In der Bühnenmitte sehen wir einen schmalen, langen
Tisch und zwei Bänke, eine vor dem Tisch, die andere dahinter.
Von links kommen zwei Männer, die in Mäntel gehüllt sind, ihre Hüte
tief in die Stirn gedrückt. Sie queren die Bühne und setzen sich dicht
nebeneinander an den rechten Rand der Bank hinterm Tisch. Sie
schweigen. – Nach einer Weile kommt von der Gegenseite ein zweites,
auf dieselbe Weise gekleidetes Paar und setzt sich so weit wie möglich
weg von dem ersten, links auf die Bank vor dem Tisch. Das erste Paar
sitzt mit dem Gesicht zum Publikum, das zweite mit dem Rücken.

Das erste Paar:
– Hast du Ohren?
– Die mitten im Kopf?
– Nein, die an den Seiten.
– Links und rechts?
– Ja!
– Die habe ich auch. – Zumindest denk ich's mir.
– Ohren?
– Ja.

Das zweite Paar *(nach drei vier Sekunden)*:
– Er kann nicht denken, wenn er mitten im Kopf Ohren hat.
– Vielleicht dachte er nicht an Ohren. Oder denkt mit Ohren.
– Mit allen Ohren?

– Wahrscheinlich.
– Und du, hast du Ohren?
– Die an den Seiten?
– Ja, links und rechts.
– Solche hatte ich nie. – Soviel ich weiß.
– Woher weißt du das?
– Hie und da hab ich von ihnen gehört, ich kenn's vom
  Hörensagen!
– Ach so – na dann.

(Der Bezichtigte erhebt sich und tritt an den Bühnenrand, um sich dem Publikum mit gezierter Vertraulichkeit mitzuteilen) Jedes Mal hat er sie am Wickel. Mit seinem „Aaach!". Als schmiere er mit seiner dreckigen Hand mir kalten Speichel übers Gesicht.

Die Bühne wird dunkel.

COMMENTO I

Während der Konversation bekamen alle vier Männer rosa Flecken im Gesicht, die sich allmählich bläulich verfärbten, was keiner aus dem Publikum beobachten konnte, denn für diese Sache waren ihre Augen völlig nutzlos.

II

Ein Pawlatschenhof. Zweiter Stock, Wohnung am Treppenhaus.
In der Küche steht ein weißer Tisch, darauf ein gläserner Krug
mit Milch und drei leere Gläser. Die Mutter spült Geschirr, der
Vater liest die Abendzeitung. Der Sohn ist in einem Raum, den
wir nicht sehen. – In der Nacht hat sein Hirn noch etwas aus den
Büchern gesaugt. Dann richten sie ihm das Kanapee her, für das
Hirn und was noch dazu gehört, die menschlichen Anhängsel. –
Zwei Nachbarinnen spähen aus der Pawlatsche durchs Fenster
in die Wohnung, ihre lugenden Augen schnellen über den oberen
Rand der Vorhänge, die eine zerbrechliche Konsole in der Hälfte
der Fensterhöhe zusammenhält (aus der Küche wirkt es wie ein
Kasperltheater). Sie flüstern einander zu.

– So viele Jahre warten sie darauf, was draus wird. Was denken
  Sie? Er ist still wie eine Maus und studiert Fallen und
  Schlupflöcher.
– Ein Mörder wird draus.
– Geht kaum aus dem Haus...
– Er wird vor allem sich selbst jagen. Oder er läuft ihnen
  davon und wird irgendwo heimlich zu Ende leben, verkrochen.

Irgendjemand hat in der Durchfahrt heftig die Tür geschlossen.

Stille, nirgends eine Menschenseele, langsam fällt Schnee auf
einen Kohlehaufen und einen Holzstapel. An der schmutzigen
Flurwand lehnt ein Fahrrad mit angeworfenem Licht.

III

Von der Straße nebenan schauen wir auf eine rege Hauptstraße,
in deren bläulichem Licht Schneeflocken wirbeln. Links steht die
dunkle Palastmauer, gegenüber ein einstöckiges Haus, das in
einen Wintergarten übergeht. Unter der Laterne steht ein Mann,
zwei Schritte von der Wand. Nach einer Weile bleibt ein Passant
neben ihm stehen, auch er ist vom Revolutionsplakat gefesselt.
Vor Kälte schlotternd treten sie auf der Stelle, die Schultern bis
an die Ohren hochgezogen, die Hände tief in die Wintermanteltaschen
vergraben. Alle naselang können sie durch den Dampf nichts sehen,
die ausgehauchte Luft gefriert, doch sie lesen: Auch dir wird es
helfen, ein Krüppel zu sein!

– Beine, Arme, dies ist mein Fach!
– Was tun sie mit den Beinen?
– Ich säge sie Kranken ab. – Gelähmten.
– Viel zu feinsinnig, gröber müssen Sie werden! Gehen Sie
  denn nicht mit der Zeit? Hacken Sie sich doch selber auch
  ein Bein ab!
– *(die Anmerkung eines Zuschauenden)* Er dampft wie ein Samowar.
– Da ist ein Schmiss in Ihrem Gesichtsfett. Haben Sie also höhere
  Interessen vertreten?
– Hehre Ideale, die allerhöchsten!
– Das muss ein Absturz gewesen sein!

– Ein Gefecht! Opfer waren an der Tagesordnung.
– *(der Zuschauende gelangweilt)* Das Dauermenü des Heroen...
– Mehrmals bin ich dem Totengräber von der Schaufel gesprungen!
– Das kann man leicht erkennen: die Flecken, der Gestank...
– In unseren Reihen sind noch Kühnere marschiert: sie haben
  sich wie Maulwürfe aus dem Dunkel gewühlt.
– Die blinden mit den Schaufelpratzen? Die aus einem Dunkel
  herauskriechen, doch das eigene ständig mitschleppen?
– Genau die!

COMMENTO III

Wenn sie keine Geißel zur Hand haben, reißen sie euch Hautstreifen
vom Leib und binden rasch eine Rute zusammen. Und züchtigen euch
noch mit warmem Fleisch.

Selbst einen Schlafenden würden sie auspeitschen.

IV

Eine dunkle Straße mit mehrstöckigen heruntergekommenen
Häusern. Ein einst provisorisches Gerüst nimmt weiterhin fast
den ganzen Bürgersteig ein und hindert den Blick von unten
daran, zu entscheiden, ob auch diese Straße überdacht ist. –
Zwei Männer schleppen einen dritten, halten ihn zwischen sich
fest; der Kopf hängt herunter, die Schuhspitzen schleifen über
die Pflastersteine. Sie gehen durch die Gerüstpfeiler, lehnen ihn
an die Wand, ins Laternenlicht, und schattieren mit weißer
Kreide die Umrisse seines zerrissenen Gesichts (die Hälfte haben
sie schraffiert).

– Meinst du, er wird halten?
– Sein Ausdruck ist noch nicht angemessen, noch trotzt er.
– Dabei hast du dich so abgerackert.
– Sein Mantel hängt an ihm wie an einem Kleiderständer.
  Irgendeine Schlunze hat ihn im gegenwärtigen, also gerade
  jetzt laufenden Kino vergessen.
– Den Mantel?
– Nein, ihn. Und seine Mutter. Und im Leben. Obwohl im
  Kino ihm alles Lebendige näher ist, kommt ihm so vor. Er
  sagte, er habe einen Plan, eine eindeutige Absicht: Ich spiele
  alles nochmals ab!

– Er hat nicht aufgehört, sich bei ihm einzuschmeicheln, beim
  Leben. Gestern erwischten sie ihn dabei, wie er konzentriert
  der Uhr lauschte. Er wartete auf seinen Moment, damit er
  aus ihr das Geräusch herausschlabbern kann. Dafür ist die
  Glocke gerade gut genug! verkündete er.
– Eine Bestie!
– Was starrt er die ganze Zeit an?
– Wahrscheinlich saugt er wieder an etwas. Aus der Ferne.
– Jetzt fängt er noch an wegzurutschen. Wir müssen ihn
  aufrichten.
– Gib mir die Geißel!
– Vielleicht wird er zahlen...
– So schnell wird er nicht mit uns fertig. Er würde denken, er
  wäre fertig.
– Versuchen wir ihn mit etwas abzustützen.
– Sag ihm nichts ein! Er glaubt, das Haus stützt ihn.
– Also helfen wir nach!
– Nicht nötig, schon rinnt der Verputz zu ihm hinab. Sogar mit
  Rost.
– Nein.
– Warum nicht?
– Ich denke, dass er einige Zentimeter seitlich von ihm herabrinnt.
  Wir müssen ihn kopfüber drehen, damit er wenigstens an die
  Pfütze heranreicht.
– Dein Mitgefühl wird eines Tages noch einen umbringen.

Beide Männer werden schlagartig still und lauschen in erstarrten
Posen (der dritte Mann rutscht die Wand herunter, wir müssen
ihn also nicht weiter beachten.) Jemand kommt näher. Harte Absätze,
harte Pflastersteine. Nach einer Weile entfernen sich die Schritte:
jemand ist an der Bühne vorbeigegangen.

V

Der Kommentator kreist um den Sprecher, dieser nimmt nichts
und niemanden wahr, konzentriert sich ausschließlich auf seinen
Vortrag.

– *(Der Sprecher steht aufrecht da, öffnet das Buch, streckt sich nach
  vorn und liest laut vor)*: Dort oben, über dem Gipfel, herrscht,
  über alles erhaben, der Frost, in dem sich nichts mehr zersetzt.
– *(Der Kommentator dreht sich zum Publikum, zieht seinen schlaffen
  Fuß nach und flüstert mit einem einschmeichelnden Lächeln)*:
  Jetzt hat er auch noch die Horizonte gesenkt, abgehängt hat
  er sie, seine Horizonte, jetzt wird er uns mit seinem Firmament
  zermalmen. *(Boshaft)* Ohne kann er nicht auskommen,
  vergeben wir ihm.
– Nur ein Sieger bringt es zustande, sich an der Mauer zu
  zerschmettern, schon der Zweite und der Dritte können gerade
  noch an den Rand des Abgrunds kriechen, wir werden sie
  hinuntertreten müssen.
– Gewiss ein Zitat. Dem Willen zusprechen, ihn zuerkennen.
  Falls er freilich jemanden aufspürt, der nicht einmal seine
  Apathie wahrnimmt. Wenn er den Willen nimmt, hat er ihn
  schon. *(Er begibt sich in die Tiefe des Podiums. Plötzlich dreht
  er sich um und kläfft über die Schulter)*: Vergeblich!

– Ist es möglich? Immer, wenn ich dies behaupte, meine ich
   damit alles mögliche.
– Apathie, ja, aber schnell Luft geholt. Schnell, nicht tief, denn
   später wäre der Morgen nicht mehr der Mühe wert.
– Selbsterhaltung! Aus der Tiefe sprudelnde Triebe, in die Tiefe
   tauchende Instinkte!
– Er erbricht seine Meinung über uns. Allein die Farbe seiner
   Stimme ruft bei den anderen ein Würgen hervor. Zweifellos
   begabt, ein rares Talent! *(Er versucht eine Pirouette anzudeuten,
   wie bei einem Schwindelanfall, stürzt nieder, und alle Kraft aufbietend
   steht er auf).* Heutzutage heißt jeder zweite Bankert Hoffnung.
   Falls überhaupt Wollust die Knochen mit etwas Fleisch behängte,
   päppeln die Mütter sie mit allem möglichen durch die gespaltenen
   Schädel auf. Diese Leibesfrucht! Ohne Warnung wird sie alles
   annehmen, was ihr wollt.

Aus dem linken Portal taucht eine gekrümmte Gestalt auf, sie
kann sich kaum auf den Beinen halten, mit den Absätzen schleift
sie über die Bretter, geht mit Trippelschritten am Podium vorbei,
bricht am Boden zusammen und schläft ein. Sie atmet schwer,
schläft unruhig. Die Proklamationen werden mit Rücksicht auf
den Schläfer weiter nur noch geflüstert, also kann sie keiner im
Publikum verstehen. – Solange das allmählich schwindende Licht
noch nicht völlig von der Dunkelheit verschlungen war, sahen
wir, dass das Stummspiel fortgesetzt wurde, danach konnten wir
uns zwar nicht mehr sicher sein, doch dies war kein Grund, um
wegzugehen. Die Fähigkeit wegzugehen war bereits früher ermattet,
nun scheint sie sogar erlahmt zu sein.

COMMENTO V

Habt ihr erwartet, er kommt hierher gekrochen?
Etwas anderes als Worte?
Etwas anderes?
Durch Rattensätze?

VI

Die Dämmerung wird dunkel. Ein Fußgänger bleibt bei den
Kirchenstufen stehen, zieht aus seiner Aktentasche abgetragene
Halbschuhe und legt sie in ein Geigenfutteral, neben dem ein Bettler
schläft. Der Liegende wärmt seine Hände in einer löchrigen Mütze (von
den Motten blieb nur noch Leere übrig). Der Passant mustert die vor
seinen Füßen liegende Person und nimmt aus dem Futteral den linken
Schuh, da er, wie er soeben feststellt, überflüssig ist.

– *(Liebenswürdig, leise, geradezu verschämt)* Gehen Sie nach Hause,
  hier leiden sie unnötig.
– *(Der Bettler zieht den Kopf aus schmutzigen Lumpen hervor)*
  Wie stellen Sie sich mein Zuhause vor?
– Still, ruhig, ein verlassenes Formalin...
– Meines ist nicht verlassen, ich habe eine Familie. Sie schwimmt,
  bereitet mir einen Platz vor.
– Es wiegt sie also eine sanfte, kaum wahrnehmbare Welle an
  der Oberfläche, wann immer eine Straßenbahn an der Anstalt
  vorbeifährt...
– Denken Sie, es ist ein idyllischer Ort, an dem man sich fast
  ständig fragt, ob Schlaf nicht eine Zeitverschwendung ist?
– Oder ob man lang genug wach war. Das Grauen kann man
  angeblich in unseren Köpfen schöndenken. Das Hirn nährt
  sich, wenn es wach ist, oft nur, damit es nachts Träume ausstrahlen
  kann...

– Ein Schwein! Frisst sich an allem fett! In der Nacht zerreißen
und zerstückeln ihn die Träume: Leberwurst und Suppe aus
Blut und Graupen... der Dampf steigt aus den Trögen...

Es ist Nacht. Der Mann nimmt aus dem Futteral auch den zweiten
geborgten Schuh und geht davon.

Das Gespräch endete gerade zur rechten Zeit. Noch einen Augenblick und er würde sich Sorgen machen, wie er eine Zigarette aus der Schachtel ziehen sollte, damit der Andere sie korrekt mit den geschwollenen Fingern seiner kaum beweglichen Hand zu fassen bekäme (dieser rötliche Brandteig hat jahrelang nur Schmutz liebkost). Doch der Bettler hat Angst, im Dunkeln darum zu bitten. – Wie lächerlich werden zuweilen unsere Befürchtungen! Einer kann wenigstens im Frost lachen.

VII

In das Dunkle auf dem Podium fährt ein automatischer Staubsauger.
Für einen Augenblick erblicken wir im Licht, das er von sich gibt, damit
wir nicht über ihn stolpern, ein Blechbrett. Unter den Decken liegt ein
Mann, wir können ihn gerade noch ausmachen. Der Staubsauger kreist
lautlos um das Bett.

Wie könnte ich dazu kommen, dass ich es begreife? Unmöglich.
(Stille) Aushalten, nur noch so zehn zwölf Atemzüge, dann kommt eine
schmerzfreie Periode. *(Stille)* Was hat hier gesummt? Ruft mich das
Telefon zu etwas auf? Nein, ich hab nur durch die Nase geatmet. Das
sollte ich auch nicht mehr tun.
    Jetzt haben die Lungen in der Brust so wenig Platz, sie brennen
buchstäblich. Könnte man ihre Hitze irgendwie nutzen?
(Stille) Eigentlich weiß ich gar nicht, ob sie nicht schon jemand
nutzt. Da kommt jemand, legt mir die Hände an Brust oder Rücken,
um sich zu wärmen, und ich werde es nicht sehen. Ich bin zwar nicht
blind, aber bin ich imstande, das Unsichtbare zu sehen? Vielleicht bin
ich blind.
    Wovon hab ich denn bloß letztens geträumt? Von einem verlassenen,
langen Haus, in einem tiefen Raum lag ein Kalb. Ein frisch
abgestochenes Kalb, doch es suchte noch nach der Mutterzitze,
es hatte noch Durst. Ich fasste nach der Kette, die an der Wand hing.
Eiseskalt. Ich erhob mich, wankte durch den Gang hinaus und erblickte

frostbedeckte Hänge. Überall waren Lämmer, fast völlig weiß.

Der Schmerz ist zurück. Wieder ein paar Minuten. Ich soll es aushalten. Ich soll atmen, sie versuchen mich zu überzeugen. Soll für das Leben unerlässlich sein. Mal sehen. *(Stille)* Hoffentlich dauert's nicht lang und ich kann anfangen, ihnen zu vertrauen. Schon bald, denn ich hab auch keine Geduld zu verschenken. *(Wir hören, wie jemand an die Tür klopft)* Wer ist das? *(Die Tür knarrt leise)* Ah, ihr beide, kommt doch herein. Ich hoffe, ihr wollt nur etwas.

Der Staubsauger bleibt stehen. Jetzt beginnt das Bett um das regungslose Gerät zu kreisen.

COMMENTO VII

Die letzte Kraft nutzen und ans Bett die Geburt eines Traumes
bringen – ein Traumei. Ob du willst oder nicht. – Ein stinkendes
Ei, wie sich sicher zeigen wird. Am Morgen fällt aus dem gekochten
Ei vor allem Asche. – Was für ein Durst!

VIII

Nasskalt. Aus dem Kanalgitter am Gehsteigrand quellen Dampfwolken
auf (unter der Erde arbeitet unermüdlich die Hitze). Es kommt ein
Mann in einem pelzbenähten Mantel. Der ihn begleitet, geht nur in
Unterwäsche. (Halbnackt schmiegt er sich ihm an und versucht, sich
an dem dick Angezogenen zu wärmen). Sie gehen am Zeitungsstand
vorbei und sind bei der Drogerie angelangt. Bleiben stehen. Der erste
Mann zieht seinen Mantel aus und bietet ihm dem zweiten an, der zieht
sich an. Jetzt steckt der erste in Unterwäsche. Sie machen sich wieder
auf, einträchtig, Seite an Seite.

- Zum Morgen ist es genauso weit wie zum Gestern.
- Zum Gestern haben wir es näher, wir wissen etwas darüber.
  (Pause) Über das Morgen eigentlich auch. Erinnerungen,
  Traumata und Schrecken. Vor allem die Schrecken. Sie drängen
  sich auf, die Erfahrungen.
- Ein fürchterlicher Zustand ist es, etwas zu wissen. So ein
  bisschen zu wissen.
- Und zu denken, die Pflicht einer würdevollen Existenz...
- Zu unterscheiden und nicht zu unterscheiden. Schon allein
  dadurch, dass ich wähle, setze ich fast alles auf mein Niveau

herab. *(Pause)* Auf dieselbe Weise hebe ich es natürlich. *(Pause)* Wenn ich mich aufrichte, verkrümmt sich auch was an meiner Geraden. *(Unversehens scheint er unter unerträglichem Frost zu leiden)*

Sie bleiben erneut stehen, der Zweite gibt den Mantel dem Ersten.

COMMENTO VIII

An der nächsten Ecke muss man den weiteren Übergabepunkt
wählen. Dann trägt der Eine den Anderen, damit sie einander wärmen.
Aber vielleicht ist es ihnen zu spät eingefallen: sie erfrieren zwar nicht,
doch bleiben sie bis zum Tod lächerlich, vor ihrem inneren Blick werden
sie zum Gespött.

IX

In der Ferne ein erleuchtetes Krankenhaus. Reger Verkehr auf
der Autobahn. Abend. Regen.

- Wo sind wir?
- In einer Röhre.
- In den Trümmern einer Rohrleitung?
- Wie denn sonst? Wie immer.
- Aber hier ist's bequem, man könnte sagen: geradezu heimelig.
- Genau.
- Denkst du, dass der Ausgang nach Süden führt?
- Eine Röhre ist ein Gegenstand aus Masse, den Süden hat sie
  bereits in sich. Wir müssen nirgends hingehen.
- Im gewissem Sinne?
- Anscheinend.

COMMENTO IX

Also bis hierher blätterten die roten Zotten eurer Handflächen?
Stellt ihr weiter eure Geduld auf die Probe?
Seid ihr noch auf der Suche?

X

Wir blicken hinab in einen tief im Tal gelegenen Weiler, eine der
Fischerstationen an diesem Fluss. Die fernen Fenster, die ins
Zwielicht leuchten, wirken beklemmend, glühen in mattem Licht,
das gerade noch im bläulichen Halbdämmer der Landschaft glimmt. –
Mutter, Vater und Kind sitzen in einem feuchten Speisezimmer. Der
Dämmer verdichtet sich mit jeder ihrer Bewegungen, wie die Schlinge
des Wildfängers sich vom Zappeln der Beute zuzieht. Wohl darum
rührt sich fast keiner aus der Familie; sie krümmen sich über dem Tisch
und streichen blind Margarine auf die Brotschnitten, die wir vor ihnen
erahnen.

– Hunger führt zwar zu einer strengen, nahezu gefühllosen Auswahl,
  aber der Schmerz allein reicht nicht, die Natur des Menschen verlangt
  nach etwas mehr.
– Deutlich höre ich das Gewimmel in ihrem Flöz: zehn Finger spüren
  nach den Messern, alle Finger einer Hand tappen über die
  Tischplatte. „Mutti, Mutti, hilf mir das Buttermesser zu ertasten!“
  Und der Vater fragt entsetzt: „Es lebt immer noch?“
– Er hat wohl den Namen vergessen.
– Fast alles hat er vergessen, noch ahnt er vage, dass irgendwann ein
  Kind geboren wurde.
– Er ist noch nicht so übel dran.

– Keiner von ihnen. Sie kauern am Rand, warten beharrlich,
  dass die Flammen aus der Tiefe die abgründige Finsternis
  aufwirbeln, sodass etwas Wärme auch in ihre Grube fließe.
– Sie winden sich im Schlamm, wenn sie zu schlafen versuchen.
  Mutter schreit im Schlaf: „Füttere wenigstens sein Bein, damit
  es sich rührt!"

Plötzlich wischt über die Szene ein schwerer Regen, der stundenlang
durch dunkle Berge gewandert war.

COMMENTO X

Geschieht es zu meinem eigenen Wohl?
Oder zum Wohl eines anderen?
Wenn der Regen seinen Bauch an den Felsgipfeln reibt?
Wenn das da nicht das Wasser aufhält und an Steinen zerschellt?
Wenn die Eisschollen in der Nacht zusammenzufrieren drohen?

XI

Bahnhof. Windig. Der Wind mischt Regen mit Schnee. Die Szene
ist grauweiß, die Figuren sind schwarz. Die Gleise werden an diesen
Stellen von einer hohen Konstruktion aus Glas und Stahl verdeckt.
Ein Windstoß fegt unablässig Schnee bis an die Bahnsteigschwelle.

(Die Waggontür öffnet sich)
– Wenn du dich hier allein herumschleppst, wird dich jemand
am Ohr hochziehen. Symmetrie! Denk dran, das rat ich dir.
Equilibrium! *(Er steigt eine Stufe runter. Mit der Hand hält er
sich am Türgriff fest, mit der zweiten übergibt er seinen Koffer
an jenen, der am Bahnsteig steht).* Wir sind allein. Diese zwei
Worte stehen im Streit mit der Theologie. Wer hat das gesagt?
(Der Angesprochene schweigt)
– Der es herausquiekte!
*(Er steigt die letzte Stufe hinunter und erstarrt für einen Augenblick;
er streckt sich, um seine müden Schultern zu richten)*
– Einer vergisst die Kraft in der Mutter, lässt sie dort verwildern
und schluchzt ihr dann ein Leben lang nach. *(Vertrauensvoll hängt
er sich bei dem Mann ein, der im Bahnhof wartet – dem Kofferträger.
Der Träger hatte bisher nur einen passiven Gesichtsausdruck, der sich
von nun an ändert: jetzt ist er völlig resigniert. Der Koffer in seiner
Hand wirkt leicht, vielleicht ist er leer)*

– Konsequent sich verdrehen, das rat ich dir. Eine Schlange
  vorspielen. Ein schwarzer Holzserpent, das ist unser Instrument,
  so wird unsere Musik klingen!
(Sie erreichen die Stufen, die vom Bahnsteig in die Unterführung leiten)
– Schon wieder Stufen, unentwegt steigen wir hinab, aber habe
  keine Angst, das rat ich dir. Jedem Adepten stellt der Musiklehrer
  vor der ersten Lektion die Frage: Hast du deine eigenen Därme
  mitgenommen? Aber später kontrolliert er nicht mehr. Dann kannst
  du auch fremde haben.
*(Schritt für Schritt schwinden die beiden unter der Kante der höchsten
Stufe. Am Ende sehen wir nur noch den Kopf des Trägers, der zwar
nicht viel größer ist, aber einen Schritt hinter dem Mann bleibt, der
ihn mitschleift)*
– Selbst wenn das Bestehen der Kontrolle nicht immer zur
  Seligkeit führt, zu seiner Art von Seligkeit...

Wir ahnen, dass der Mann, der aus dem Zug gestiegen ist, in seiner Rede fortfährt, aber wir können ihn nicht mehr verstehen: das Echo in der Unterführung gruppiert immer und immer wieder seine Stimme um, es sind nur noch Sprachtrümmer.

XII

Verschneite Bergzinnen (Alpenszenerie). Der Tag neigt sich dem
Ende zu, doch noch wird eine Weile das Blau und Weiß die
Landschaft beherrschen, bevor die Farbe von verblasstem Silber
über sie hinstreicht. Die Gestalten sind grau und braun. Gegen
Ende des Dialogs wird in der fernen, hochgelegenen Hütte ein
Fenster aufleuchten.

*(Ein Mann steht in einer Kiste, die an eine Fahrstuhlkabine erinnert.
Er rührt sich nicht)*
– Er nutzt seinen Raum überhaupt nicht aus. Schüttle mal!
*(Der zweite Mann schreitet zur Kiste, kippt sie mehrmals und lässt
sie los. Die Kiste gibt beim Aufprall in die ursprüngliche Lage ein
dumpfes Geräusch von sich. – Der Mann in der Kiste beginnt sich von
einer Seite zur anderen zu bewegen, aber es sind gerade mal drei
Schritte)*
– Na, geht doch.
– *(Nach einer Weile)* Vielleicht ist es eine Seilbahnkabine.
   (Pause) Oder...
(Der Mann in der Kiste bleibt stehen, erstarrt)
– Warten wir ab, wie es aufprallt. Schüttle mal!
*(Es wiederholt sich die erste Szene: der zweite Mann schreitet zur
Kiste, kippt sie mehrmals... Der Mann in der Kiste beginnt sich zu
bewegen usw. Nach einigen Sekunden hört wieder jedwede Bewegung
auf der Bühne auf)*

– Er ist stehen geblieben. Alle Möglichkeiten durchfließen ihn,
aber er nutzt keine von ihnen.
– Er nutzt das Stehen aus. Und herummarschieren kann er so
lange, bis er umfällt.
– Aber das ist keine Wahl, wenn ihm nichts anderes übrigbleibt.
Oder es ist eine würdelose Wahl. Oder für ihn eine noch viel
zu würdevolle Wahl…
– Sag nicht immer, was was ist. Das Schwarz im Schwarzen,
das Weiß im Weißen. Nicht erklären, nicht vermischen!

Die Alpenszenerie beginnt sich aus dem Blick des Zusehers nach
rechts zu verschieben; gleichzeitig verschwinden mit ihr auch die
Männer, die den Dialog geführt haben. Auf dem Podium bleibt
nur die Kiste stehen, in der jemand auf dem Boden liegt. Plötzlich
beginnt es zu schneien usw.

Ab einem bestimmten Moment wurden die Stimmen der handelnden
Figuren durch eine Magenotophonaufnahme ersetzt.
Allerdings fiel keinem im Publikum ein, das begreifen zu wollen.

XIII

- Wer hat den Stand oder die Bahn bestimmt, von der wir darauf hinabsehen sollen?
- Die Zerstörer des Spiralaufzugs.
- Die meine ich nicht.
- Warum fragst du dann. Und gib Acht darauf!
- Worauf?
- Auf den Weg, den du hierher genommen hast.
- Meinst du meine Mutter?
- Vorgebliche Mutter. Oder allgemeine Mutter. Bin mir nicht sicher.
- Ich hoffe, dass es nicht was auch immer sein kann.
- Wenn es nicht was auch immer gewesen ist, dann wird es auch nicht was auch immer sein. Jetzt ist es das Gefühlsgetriebe der Mutter und des Kindes. Ich sage dir, achte darauf! Wenn du einen Augenblick nicht Acht gibst, dann bist du schon der Vorwand, oder sogar der Grund.
  (Stille)
- Bring ihn her!
- *(Holt einen vollen Sack mit Küchenresten. Blickt sich verlegen um)* Wohin soll ich ihn legen, es ist kein Schmutz da.
- Schmutz gibt's hier genug, nur nicht nach deinem Geschmack. Leg ihn hin!

- Er atmet nicht gerade leicht. *(Pause)* Er gibt etwas anderes als
  Laute von sich.
- Schwer ist es, jemandem zu lauschen, an dem schon die Fliegen
  schmausen: das Mitleid mit einem Verwesenden höhlt jede
  Entschlossenheit und auch den größten Teil des guten Willens
  aus, neben der Fäulnis zersetzt sich dann nur noch die leere Hülle.

COMMENTO XIII

Jemand schleppte einen Menschen heran und setzte ihn an den Tisch, beschwerte ihre gemeinsame Bank. Nun müssen wir ihn immer weiter zum nächsten Augenblick schleifen. – Er strengt sich an, direkt in die Augen zu schauen; die Schmeichelei zieht seine sinnlichen Lippen in die Länge, wringt sein Gesicht aus, ein Lumpen, aus dem schon alle Züge der Mutter herausgetröpfelt sind. Das Ende der Menschlichkeit! Ein Darm, der zum Ausscheiden keinen Menschen mehr braucht – das ist dieser Mensch.

XIV

Eine ländliche Winterszene: am Straßenrand steht ein Automobil,
das völlig von Schnee bedeckt ist (nun sieht es wieder wie neu aus).
Immerzu schneit es. Die Dämmerung zieht über die Landschaft, das
Wasser im Bach verdunkelt sich. Wir folgen dem Weg, betreten die
Allee und sehen, wo die Felder hinter der Dorfgrenze beginnen.

Ein Greis hat das letzte Haus passiert und bleibt auf dem Deich
stehen. Die nasse Windel in seiner Hose ist nach der Dämmerstunde
abgekühlt. (Ach, wärmte sie doch barmherzig sein Gemächt.) Aus dem
Eis des Teichs ragt bereiftes Schilfrohr, das der Wind von Zeit zu Zeit
biegt.

(Schnitt)

Im Gang zur Küche: eine Frau sitzt auf einem niedrigen Hocker
beim Ofen, hackt Holz, legt nach; zieht den Topf vom Herd. Sie
geht zu ihrem Sohn und fesselt ihn aus Gewohnheit mit einem
Lederriemen an ihren Leib: Bein an Bein, Arm an Arm, Bauch an
Rücken (diese Bürde muss niedergedrückt werden, denn längst
ist sie der Mutter entwachsen). Sie öffnet den Schrank, stöbert
darin. Endlich wirft sie ein paar Wolldecken über sich und
ihre Last. Dann begibt sich diese Symbiose in die Dunkelheit.

(Schnitt)

Schnee fällt auf den an die Hütte gebundenen Hund. Der Weg
ist rutschig. Nach einer Stunde Herumirrens erspähen sie den
Vater: er steht beim Prellstein und macht damit unnötigerweise
ein Stück Leere kaputt. Sein Hirn setzt eine Karte zusammen.

(Schnitt)

Die Frau legt dem Mann ein geschnürtes Geschirr an, es geht
nur langsam, die frostgeschwollenen Hände zittern. Erschöpft
fällt sie auf die Knie, rutscht zu Boden. – Vater rührt sich, setzt
sich mühsam in Gang, schleppt die konturlose Masse unter der
Pferdedecke zum Dorf. Die Frau hilft, wo sie nur kann: steuernd
zieht oder zerrt sie an den Stricken. Unter jedem Schritt knirscht
der Schnee, hin und wieder stöhnt der Sohn, vielleicht lenkt gerade
er das Gespann.

COMMENTO XIV

Also noch eine Strafe?
Würdet ihr ihn nicht bestrafen, könntet ihr erkennen,
dass er ein Mensch ist?
Eine gewisse Art von Mensch?
Ist er auch daran selbst schuld?

XV

– Er hat's wieder getan.
– Was?
– Ich weiß nicht was.
– Wie weißt du dann, dass er's getan hat?
– *(Gleichgültig)* Ich weiß nichts, ich sag nur, dass er's getan hat.
Vielleicht hat er's ja nie getan. Vielleicht ahnt er nicht mal,
dass irgendwann irgendjemand irgendetwas tun könnte.
– War ich dabei? Falls ich dort war, dann ausschließlich mit
all dem, was ich nie gewesen bin. *(Er zögert)* Entschieden
mit dem, was ich damals nicht gewesen bin. Versuchen wir
zu denken! Haben wir doch abgemacht.
– *(Pause)* Mir fällt nichts ein, nur Erinnerungen. Erinnerungen,
die der Sprache dienlich sein würden.
– Vielleicht würde dir was beim Vornüberbeugen einfallen.
Du solltest dich mal nach vorne beugen. Und nimm auch die
Hände zum Gehen, sonst kommen wir nicht vom Fleck.
– *(Denkt krampfhaft nach)* Er hat's wieder getan.
– *(Enttäuscht)* Das hatten wir schon.
– Aber nicht an diesem Anfang.
– *(Ironisch)* Verzeihung, ich bedaure, dass ich dich unterbrochen
habe.
– *(Vorwurfsvoll)* So werden wir nie etwas über mich erfahren.
– Du hast Recht, mach weiter.

COMMENTO XV

Aber das ist nicht meine Vergangenheit.
Das Testament wurde ja nicht gefunden!

XVI

Ein Schloss am Rand eines verwilderten Parks. Das Moos ist von
den Dächern in die Regenrinnen gefallen, Wasser fließt über die
Fenster. Tauwetter. Krähen krächzen aus den nackten Baumkronen.
Auf einer Bank zittert ein grauschwarzes Knäuel aus Mänteln
und Hosen: womöglich sind es zwei Greise.

- All diese Nöte des Geistes und Körpers: ein Zuhause, den
  Raum bewohnen, die innere und äußere Welt in Einklang
  bringen...
- Dazu reicht ein bisschen Dunkelheit. Doch es muss genug
  da sein. An Dunkelheit. Dennoch hättest du lieber nicht
  deine Pappdeckel und Lumpen verbrennen sollen.
- Waisen kommen leicht an Besitz heran, fremde Überreste
  finden sie von allein. Die Lumpen kannst du dann mit einem
  Band an deinen Leib schnüren, die Schuhe mit Draht befestigen.
- Werde nicht hochmütig und bedenke: wir sind schwach!
  Finde jemanden, der fest genug zuschlagen kann, damit dir
  nicht bei jeder Verbeugung der Skischuh vom Kopf herunter
  fällt.
- Das ist nun meine größte Sorge: die Würde auch äußerlich
  zu wahren. Diese Samthandschuhe passen wie angegossen:
  Sie reichen bis ans Knie und polstern weich die Schuhspitzen

aus. So viele Zehen habe ich wohl noch nie im Leben gehabt.
(Verträumt) Ich schätze sie mal.
– Erinnere dich genau, darauf kommt es an, sonst wirst du
eines Tages sogar die eigene Mutter verleugnen!

COMMENTO XVI

Ein Lager für Nackte, froststrotzend: einem Sechsjährigen haben
sie einen Lumpen zu Weihnachten geschenkt, für einen Hund
reichte es nicht. Aber auch den konnte er schlagen, wenn er ihn
ins kalte Wasser tauchte und lange genug dem Frost überließ.
Der harte, eisdurchsetzte Rücken knackt unter seiner Faust, gibt
nach. – Eine blaue Aufschrift über dem Eingang des Speisesaals:
„Hast du Hunger? Gib dem Laub und dem Schnee einen anderen
Namen!" – Der Gang. Im Dämmer bewegt sich die Türklinke und
dann hört man: „Reiß ihm das Licht aus den Augen. Lösche es!
Damit das Dunkel hindurchfließen kann." Eine kalte Hand bedeckt
das Kindergesicht; Kälte senkt sich, der Hunger erschlafft. Jeder
geht einmal schlafen.

XVII

Der Nebel senkt sich, ich kann kaum mehr den Gehsteig erkennen.
Es ist an der Zeit, eine Geste zu tun, die nicht selbstsüchtig ist; ich
begebe mich wohl nach Hause. Aber irgendetwas muss ich mitnehmen,
sonst werde ich wie gewöhnlich allein sein. Doch was kann ich in diesem
dichten Nebel finden? Er wird dichter. *(Pause)* Zumindest darf ich nichts
verlieren, doch sowas passiert mir nicht. Was ist das für eine Hand da?
Aha, meine. *(Nach einer Weile; entgeistert)*: Entschuldigen Sie! *(Beruhigt
sich)* Ach, das war wahrscheinlich mein Bein, bin wohl allein hier.

- Reich mir den Stock, damit ich an den Tisch komme.
- Der ist auch für mich zu weit, nimm dir einen Stuhl.
- Der ist auch drüben. Zu weit.
- Ich hoffe, du wirst dieses Mal etwas umsichtiger kriechen.
  Damit dann nicht wieder alles kopfüber steht. Du mit deinem Stolz!
  Musst du hier immer wie eine Primaballerina herumkriechen?
  Wie bist du überhaupt an ihn gekommen, an deinen Stolz?

Zu Hause mache ich mir zum Beispiel ein Bett im Besteckkasten,
der wird mich sicher aushalten, ich wiege ja fast nichts mehr.
Werde ganz leise schlafen...

COMMENTO XVII

Schon so viele Weihnachten sind durchs Zimmer gezogen, die Nadeln haben fast den ganzen Teppich zugedeckt. Hie und da rührt sich etwas in den stachligen Schichten. Wahrscheinlich nur ein Luftzug, der den Staub aufwirbelt. Der Spiegel neigt sich leicht von der Wand, um auch den Raum unter sich zu schützen. Er breitet die Tiefe in alle Richtungen.

XVIII

(*Mit einer Stimme, in der man aus dem Schlaf spricht*)
– Lider! Rote Lider! Von jedem rinnt's herab, perlt die Luft.
– Welche Lider?
(*Der Angesprochene schweigt*)
– Ich frage dich, ja, du bist gefragt! Welche Lider?
– Rötliche Augenlider. Durch den Nebel irrt ein Fußgänger. Soeben
  hat er den Regenwassergraben überschritten.

COMMENTO XVIII

Hier ist also die Stelle, wo die Schlange hinkroch, die noch keinen
Menschen erblickte? Hat sich an der Zeit vorbeigeschlängelt:
ins alte Wasser späht sie durchs Eis. – Der verdrehte Ast, umhüllt
von nassem Laub, rührt sich jetzt nicht. Auch steigt bleierner
Nebel durch den Wald.

XIX

Die Szene ist unbestimmt. Starker Regen, nasskalt. Das Gespräch spielt sich mit gewisser Wahrscheinlichkeit in einer seichten Höhle oder in einer tieferen Felsspalte ab; jedenfalls über dem Abgrund.

– Hast du die Kerze auf die Wache gestellt?
– Schon längst.
– Ist sie angezündet? Leuchtet sie oder glimmt sie wenigstens?
– Sie hat ja keinen Docht.
– Gut so.
– Außerdem sind die Streichhölzer alle.
– Hättest sie nicht zünden sollen, wenn sie keinen Docht hat!
– Kurz gab es Hoffnung.
– Dass sie einen Docht hat?
– Nein, dass sie ohne ihn auskommt.
– Dann sind wir hier richtig.
– Wo?

COMMENTO XIX

Sind auch hierher Stufen gefallen? Die vorherigen haben doch gut
geführt, auch wenn es an ihrem Ende nichts gab, nur Bedeutung,
Inhalt und Bedeutung.

XX

Überm Feld harrt das Dunkel. In der Ferne stehen vage Gestalten.
Anhand der Stimme erkennen wir, dass es sich um zwei Männer handelt.
Die Lampen, die sie endlich in ihren Taschen gefunden haben, blinken
zwar paarmal auf, doch ihr Licht ist schwach und trüb.

- Wieder hat's geblinzelt.
- *(Sarkastisch)* Dein linkes Auge? Das sollten wir feiern.
- Das Podium! Es schaut zu, der Vorhang flimmert.
- *(Er schüttelt die Lampe, sie blinkt)* Aber das Publikum ignoriert
  es, hoffe ich.
- Vielleicht. Es ist wohl blind.
- Das Auge oder das Podium?
- Das Thema ist das Podium! *(Er schüttelt die Lampe, sie blinkt)*
- *(Er reagiert gedankenlos, automatisch)* Nichts hält ewig.
- Wer würde es auch aushalten, ständig hinzuschauen. *(Er rezitiert
  dramatisch)* Die Pupillen, schwarze Fliegen mit irisfarbenen Flügeln,
  weiten sich und wachsen, können gerade noch wittern, dass der Fisch
  am Markt endlich zu faulen begonnen hat...
- *(Er fällt ihm ungeduldig ins Wort)* Gut, ist ja gut, das hast du schon mal
  gesagt...
- Hab ich nicht!
- Ist doch egal, die Pflicht ruft. Hältst du deinen Haken fest?
- *(Er schüttelt eifrig die Lampe...)* Geh zuerst, du Säge.
- Heute bin ich Mist, ich sage es dir zum letzten Mal!

Vorsichtig steigen sie die Treppe hinab, die wir nicht sehen. Sie
verschwinden im Untergrund.

COMMENTO XX

Hier ist alles, nichts, nur das. Leere. Fast Leere, falls so etwas das
Dunkel, die Saiten und alles andere umfasst. – Über die Stahlsaiten
rollt langsam ein Ei, entfernt sich. Die Saiten summen weit ins
Unabsehbare. Durch die Schale schimmert ein wächsern bleiches
Gesicht, ein klebrig weiches Gesicht. Die Grenze. Wir sehen dorthin,
wohin man nicht sehen kann. Leere, alles, nichts, nur das.

So feucht!

INHALT

BOHDAN CHLÍBEC wurde 1963 in Bad Teplitz in Böhmen geboren. Seit 1971 lebt er in Prag. Von 1982 bis 1993 arbeitete er als Bibliothekar in der tschechischen Nationalbibliothek. 1993 gründete er den Verlag Aula, in dem er bis heute tätig ist. Von ihm sind folgende eigenständige Lyrikbände erschienen: *Zasněžený popel* (Verschneite Asche, 1992); *Temná komora* (Dunkelkammer, 1998); *Zímní dvůr* (Wintergehöft, 2013); *Krev burzy* (Börsenblut, 2019) und *Stereo* (2022).

PATRIK VALOUCH, wurde 1994 in Linz (Österreich) geboren. Sein Studium der Literaturwissenschaft (Schwerpunkt Slawistik) schloss er an der Universität Salzburg ab; seit 2021 ist er als wissenschaftlicher Mitarbeiter tätig. Er übersetzt vor allem Gegenwartslyrik aus dem Tschechischen, Slowenischen, Russischen und Polnischen. Seine Übersetzungen erschienen in diversen Literaturzeitschriften und Anthologien.

© Bohdan Chlíbec, 2025
Titel der Originalausgabe: „Stereo" Aula, Prag 2022
Herausgegeben von Frank Wierke & Klaus Anders / Ginster Press
Alle Rechte vorbehalten, auch im Sinne von §44b UrhG.
Buchgestaltung: Grafikdesign Holger Drees, Münster
Coverabbildung: Bohdan Chlíbec / Aula, Prag
Verlag: BoD · Books on Demand GmbH,
Überseering 33, 22297 Hamburg, bod@bod.de
Druck: Libri Plureos GmbH,
Friedensallee 273, 22763 Hamburg
ISBN 978-3-8192-2733-2

FSC
www.fsc.org
MIX
Papier aus verantwortungsvollen Quellen
Paper from responsible sources
FSC® C105338